COMO DESMANCHAR FEITIÇOS

Rezas, contrafeitiços, benzeduras, garrafadas e o poder da fé

MARIA HELENA
FARELLI

COMO DESMANCHAR FEITIÇOS

Rezas, contrafeitiços, benzeduras, garrafadas e o poder da fé

9ª edição
2ª reimpressão

Rio de Janeiro
2015

Copyright© 1980 by:
Maria Helena Farelli

Produção editorial
Pallas Editora

Capa
Flor Opazo

Todos os direitos reservados à Pallas Editora e Distribuidora Ltda. É vetada a reprodução por qualquer meio mecânico, eletrônico, xerográfico etc., sem a permissão por escrito da editora, de parte ou totalidade do material escrito.

CIP-BRASIL. CATALOGAÇÃO-NA-FONTE.
SINDICATO NACIONAL DOS EDITORES DE LIVROS, RJ.

F23c
9ª ed.
2ª reimpr.

Farelli, Maria Helena.
Como desmanchar feitiços: rezas, contrafeitiços, benzeduras, garrafadas e o poder da fé / Maria Helena Farelli. – 9ª ed. – Rio de Janeiro : Pallas, 2015.

ISBN 978-85-347-0309-3

1. Feitiçaria. I. Título.

96-0972

CDD 133.4
CDU 133.4

Pallas Editora e Distribuidora Ltda.
Rua Frederico de Albuquerque, 56 – Higienópolis
CEP 21050-840 – Rio de Janeiro – RJ
Tel./fax: (021) 2270-0186
www.pallaseditora.com.br
pallas@pallaseditora.com.br

MARIA HELENA FARELLI
Presidente do Círculo de Escritores e Jornalistas
de Umbanda do Brasil — CEJUB

ÍNDICE

Feitiçaria — Uma arma perigosa 13

CAPÍTULO I — *A Magia da Antigüidade* 15
Objetos usados pelos feiticeiros de todos os tempos. As artes adivinhatórias na Antigüidade. Os Tarôs. A Quiromancia, o estudo das linhas da mão. A Linha da Vida, A Linha da Cabeça e a Linha do Coração. Os sinais. As formas da mão. O Selo de Salomão.

CAPÍTULO II — *A Limpeza Psíquica* 27
Como aumentar as forças espirituais. Oração forte contra feitiços. Oração de Davi.

CAPÍTULO III — *O Mistério dos Números, Astros e das Pedras* 33
Os signos astrológicos. A numerologia dos antigos. A Roda do Zodíaco. A Força Mágica das Pedras Preciosas. As Pedras e os Signos.

CAPÍTULO IV — *As Defesas Espirituais*............ 59
   O fortalecimento da aura. O dom de olhar.
   Uso da água para ajudar a combater feitiços. Como desmanchar feitiços pelo alho. O
   carvão, a arruda, o olho-de-boi. A beldroega
   e a beladona.

CAPÍTULO V — *O Poder da Fé*.................. 67
   Oração da verdadeira felicidade. A força
   das rezas bíblicas. Jesus, o único Salvador.

CAPÍTULO VI — *Garrafadas Contra as Doenças
   Mais Comuns* 73
   Cura dos rins pelo dente-de-leão. Cura da
   gripe e do catarro pela avenca. Cura do estômago pela cebola. Cura do "stress" pelo
   guaraná e catuaba. Cura da asma pelo eucalipto. Saquinho contra nevralgia. Cura
   da bexiga pela giesta. Cura dos intestinos
   pela maçã. Romã contra doenças de senhora. Garraiada para curar asma e bronquite, um contra-feitiço antigo.

CAPÍTULO VII — *Como se Tornar Imune ao Feitiço*....................................... 81
   O Estado Alfa. Defumadores certos e infalíveis. Hino à misericórdia de Deus.

Bibliografia................................... 85

PREFÁCIO

Certa vez um grupo de estudiosos americanos, confundiu a todos, com a divulgação de uma pesquisa sobre a saúde nos Estados Unidos, e em alguns países onde usavam-se vacinas e medicamentos modernos: as doenças tropicais ao invés de diminuírem, ao contrário, aumentaram. Por que? Como então no Congo e em locais de baixo nível de civilização, essas doenças quase não faziam vítimas. Qual era o mistério?

O grupo foi para o Congo e lá, aprendeu a tratar com ervas e raízes, fazendo as tradicionais e combatidas pela Medicina Moderna, garrafadas. E revelou-se que essas ervas curavam.

Recentemente também, em uma pesquisa séria, divulgou-se que parte da população mundial, gasta rios de dinheiro, para ler a sorte ou para consultar adivinhos ou sacerdotes, que lhes cortem feitiços ou lhes previna sobre trabalhos e embruxamentos. Ora, por que o homem atual se preocupa com isso?

Bem, parece que há um renascimento mágico, como previu Bergier, em sua obra magestosa "O renascer dos mágicos". Ou então, como afirma a autora e pesquisadora do fantástico, Maria Helena Farelli, "o fantástico continua a espantar o mundo." Não sei. Apenas sinto, que as coisas acontecem, e a cada dia o homem da era atômica busca a Deus e se fascina com coisas, "além da imaginação". Por isso, e por ler a mais recente obra de Maria Helena Farelli "Como desmanchar feitiços", parabenizo a Editora Pallas, e, a autora por ser essa obra a mais espiritualizada da autora, mostrando que, pelos tortuosos e encantados caminhos da Magia, a jovem pesquisadora descobre a fé, que "remove montanhas", e ora a Jesus, o "único Salvador"

DR. PAULO NOBILE,
Parapsicólogo Clínico e professor de Magia egípcia, do Círculo de Escritores e Jornalistas de Umbanda do Brasil.

«ALÉM DA IMAGINAÇÃO»

O mundo está em revolução total. A cada dia, as ciências avançam e explicam os segredos da vida. Muita coisa porém permanece inexplicável. Fatos reais, autênticos, andam acontecendo pelo mundo inteiro, em violentos desafios aos cientistas. Mesmo que os astronautas andem sobre a lua, e os satélites artificiais fotografem outros planetas, ninguém ainda explicou o mistério dos discos voadores. Mesmo que a medicina avance e vá descobrindo a cura de todas as doenças, não pode analisar as curas milagrosas ocorridas em Lourdes, Fátima, em igrejas evangélicas e até em locais de cultos bem populares. Mesmo que os doutores descubram as leis do pensamento, das emoções e do corpo humano, o *fantástico* continua a espantar o mundo. Nossas vidas, apesar de todo o progresso, está cheia de fantasmas e assombrações. Vivemos num amontoado de fatos, onde o absurdo cada vez mais se apresenta como realidade, ao alcance de todos nós.

Para divulgar o fantástico e o verdadeiro, para mostrar o que é o feitiço e como combatê-lo, para revelar todo o mundo estranho dos feiticeiros e o mundo claro e espiritual dos que combatem o feitiço, vamos mostrar, nesse livro, parte da coleção "ALÉM DA IMAGINAÇÃO", mil casos incríveis e mil maneiras de destruir a feitiçaria, muito além, muito mais além da imaginação.

A AUTORA

> *Este livro é dedicado a Ana Paula, Fernanda, Isabela, Marcus Vinícius, Paulinho Farelli, e ao Leopoldo Farelli Kroft.*
>
> *"Deixai vir a mim os pequeninos" — disse o Mestre Jesus.*

FEITIÇARIA

UMA ARMA PERIGOSA

O feitiço é um envenenamento ou uma tentativa de envenenamento do astral de uma pessoa, pela maldade de outra.

A feitiçaria sempre existiu. Desde os mais remotos tempos o ser humano pratica o mal. *Papus*, ocultista francês, afirmou: "dizer mal de alguém, procurar prejudicar alguém sem que este saiba, são tipos de feitiço verbal. Isto é, maldade feita com palavras."

Também quando pensamos que sucederá mal a alguém desejando que isso ocorra, rogando pragas, estamos usando a força de nossa mente para causar mal a alguém. Este é um tipo de enfeitiçamento mental. *Jesus*, o "Filho de Deus", afirma que um dos grandes mandamentos é AMAR AO PRÓXIMO COMO A SI MESMO, logo, quando desejamos o mal, ou dizemos mal de alguém, estamos pecando e "na mesma medida com que julgarmos seremos julgados".

Há também um tipo de enfeitiçamento inconsciente, feito quando com todas as nossas forças, invejamos alguém, desejamos as coisas de alguém, sua casa, seu amor, seus bens, sua beleleza. Assim atacamos a pessoa com um enfeitiçamento inconsciente. Ferimos também um dos Dez Mandamentos. E na certa atraímos para nós o mal, pois há uma lei que se cumpre muito certamente, é a lei da semeadura, ou seja, o que se planta colhe. É a lei de causa e efeito que nunca falha.

Mas, ao lado dessa bruxaria inconsciente e mental há uma outra, muito pior, e sempre usada. A feita com objetos: sapos, cobras, pós e raízes. A feitiçaria usada na Quimbanda, na Umbanda, nos Candomblés, feita nos vudus do Haiti, e na índia, nos perdidos templos de deuses estranhos, ou no Japão em cerimônias fantásticas. Essa, campeia desde a pré-história e se alastra hoje, talvez como nunca. Nos Estados Unidos aumentam as seitas satânicas, em toda a América Latina semeia-se essa feitiçaria com seus bonecos e patuás. As pessoas fracas, que se comprazem em fazer o mal pagam a esses feiticeiros e ativam todo um comércio de fetiches assustador. Mas, usando as fórmulas certas, com conhecimento e boa vontade, podemos anular essas forças. Aqui, neste livro, aprenderemos essas coisas e a destruir esse mal.

CAPÍTULO I

A MAGIA DA ANTIGUIDADE

Desde os tempos imemoriais, o homem tem sentido a presença de seres sobrenaturais malignos, e uma das armas contra estes tem sido o recurso a ritos mágicos. Por toda a parte emboscavam-se espíritos: larvas e lêmures viviam por baixo da terra; vampiros fugiam pelas sombras da noite e sumiam ao clarear o dia; a pestilência e a febre empesteavam a cidade. A casta de demos crescia segundo as lendas. Súcubos e íncubos, portadores de pesadelos obcenos, povoavam os leitos; demônios-touros viviam nos templos da Babilônia, e deuses moscas atacavam as pessoas Toda a Caldéia, o Egito faraônico e a Índia viviam assustadas com os demônios. Todavia os homens sabiam da existência de um Deus Bom, de forças benéficas, de anjos e serafins. Mesmo, nas religiões mágicas antigas, os sacerdotes concebiam uma divindade suprema, ou sábio supervisor da harmonia do mundo.

Dominados por tais receios e espantos, viviam os povos da bacia do Tigre e do Eufrates, os já lendários sumérios, os acádios e os elamitas que são antepassados dos persas, além dos babilônios que criaram a astrologia e dos assírios. Assim, quando caía a noite nestas terras, os sacerdotes olhavam os céus e contavam as estrelas, viam nelas faces de deuses estranhos, demos alados ou anjos do infinito. Nas largas planícies, nos terraços e templos voltados para o alto — zigurats — os sacerdotes, faziam suas adivinhações e suas previsões. Eles dirigiam suas preces para Hea, a deusa da terra, e ao espírito de Ana, o céu. Através de conjurações, ou da fumaça de incenso eles atraíam forças dos seus deuses. Foi nesse tempo também, que Abraão seguindo a ordem do DEUS Verdadeiro, saiu dessas terras para a Terra Prometida. Estava começando a Aliança de Deus com os homens. Estava iniciada a grande divisão entre os homens, os que prefeririam seguir a deuses estranhos e os chamados Filhos de Deus...

Segundo as crenças antigas, destes tempos primeiros de Babilônia e Assíria, do Egito faraônico e das tribos de Javé, não eram apenas os demos que o homem devia temer, pois também dentro de si próprio, havia poderes perigosos. O poder da mente, do desejo, do mal dirigido a alguém com a mente, era também aceito então. O enfeitiçamento mental já existia na ocasião. Os feiticei-ros acreditavam situar-se fora da alçada de todas as leis e mandamentos religiosos. Eles se supunham com dons maravilhosos, e que podiam usá- los a seu bel-prazer. Essa mesma concepção têm certos macumbeiros hoje em dia, certos mestres de catimbó no nordeste, ou magos do com suas caras pintadas de preto. Eles se julgam fora do alcance de Deus. Mas, em absoluto, pois Deus vê tudo, Deus sabe tudo que ocorre dentro do homem e em todo o Universo. Assim, as pragas e maldições dirigidas pelos bruxos e feiticeiros, também recairão sobre eles próprios, pois a primeira Lei é a Fraternidade e sem ela e sem a Grande Lei "Amai a Deus acima de todas as coisas", todo o resto será inútil. Não adianta ao homem peregrinar a locais santos, não adianta ao homem fazer longas preces, nem adorar imagens de ouro e prata, pois tudo isso é abominação. Primeiro deve- se buscar a Deus e todo o resto virá ao homem. Hoje creio assim. E assim é, e assim será.

OBJETOS USADOS PELOS FEITICEIROS DE TODOS OS TEMPOS

Além do enfeitiçamento mental há o mais perigoso, o que é feito com objetos e com auxílio de macabras forças. Dentre os objetos mais comuns temos bonecos. Na África havia os *jujus*, usados representando pessoas, e na época em que a feitiçaria foi mais comentada — Idade Média — usava-se em profusão esses bonecos. Com eles faz-se hoje em dia amarrações de amor, na umbanda e quimbanda. Cabelos, cera, mel, sapos, corações de animais, ervas, velas, benzimentos, punhais, talismãs, imagens, e mil outras coisas entram nas receitas maléficas. Se lermos livros antigos de magia, vemos que a maioria deles, têm receitas onde entram objetos, inclusive objetos pessoais da pessoa a quem se quer enfeitiçar. Mas, segundo Papus, ocultista francês, há métodos de manter-se em defesa desses feitiços. São eles:

1.º Pôr a mente em estado de pureza, se, ódios, rancores ou medo.

2.º Aumentar nossas forças espirituais, orando e tendo sempre em mente que nada pega, em quem não estiver apto a receber tal coisa.

3.º Ler o Evangelho e dinamizar nossas forças espirituais.

Usando esse método diz o ocultista, poderemos destruir o feitiço.

AS ARTES ADIVINHATÓRIAS
A ANTIGÜIDADE

O que resta hoje do passado adivinhatório da humanidade?

Lembranças como a das crianças têm dos contos de fadas contados ao seu berço? Ou muito mais, enraizado em horóscopos e superstições que seguimos à risca? Bem, vivemos tempos de renascimento mágico, como previram Jacques Bergier e seujs seguidores, creio, pois nunca tantos em outros tempos, seguiram os horóscopos e acreditaram em adivinhações. Em nosso "Templo de Magia Cigana", à rua Cisne de Faria, 40, no Rio, atendemos diariamente a dezenas de pessoas que querem ler a sorte. Ciganos andam pelas ruas do Rio lendo a mão. Macumbeiros tocam atabaques até horas altas da noite e ninguém reclama. Crimes até são cometidos em nome de entidades misteriosas e a coisa acaba caindo no esquecimento, pois tem muita gente que teme meter a mão num caso assim. Jamais o homem buscou tanto o mundo espiritual, como hoje, quando o materialismo deu lugar a uma concepção mística da existência. Vemos crescer seitas estranhas e antigas, com tal ferocidade, que revelam que o homem busca a Deus, de todos os modos. A causa parece ser nossa vida agitada, difícil e a cada dia mais rápida nessa época tecnológica. Para mim, vivemos um renascer mágico em plena era atômica, diria mesmo que entramos numa " baixa idade média tecnológica." Jim Jones, mandou que milhares cometessem o suicídio na Guiania. E assim o fizeram. Esse é o resultado do fanatismo. Esse é o resultado da alienação. Vemos crescer seitas orientais no mundo ocidental, fazendo os jovens abandonarem suas famílias, trabalharem de graça para a "ordem", e desagregando a família desagrega-se a sociedade, todos sabem. Vemos a superstição crescer. E o que é superstição? Definir superstição é difícil. Sabemos que ela se baseia no instinto, num modo de perceber a realidade sob um plano diferente. Mas, superstição é assim como o medo, o aviso, o que arrepia o gato ante um perigo ainda não presente, a expectativa, o sonho-pesadelo. Superstição é o traço de união que nos leva ao homem da idade da pedra, nosso irmão em susto e medo, em perplexidade ante o desconhecido E a adivinhação está ligada à superstição. I Ching, moedas, conchas, pedrinhas, dão a resposta por meio de figuras. Depois surgiram as cartas, trazendo estas figuras, as placas adivinhatórias, jogos mais perfeitos, através dos tempos. O Tarô é um deles, dizem que nasceu no Egito, desenhado em ouro, mas parece-me que os desenhos que nos chegaram vieram mesmo da Idade Média, pois as roupas dos reis, pagens e bobos são todas medievais.

OS TARÔS

A história dos Tarôs, como a do povo cigano, ao qual são tradicionalmente associados, é tão misteriosa quanto incerta. A origem das cartas foi atribuída sucessivamente à índia, Grécia, Egito, Caldéia, Judéia e China. Tem-se tentado associá-la a todas as tradições que marcaram o Ocidente. De fato, a ausência total de provas, pois a maioria dos livros antigos foi queimada na Biblioteca de Alexandria, por ordem da Igreja, não permitem qualquer conclusão séria e todas as hipóteses, até agora aventadas, são mais fruto da intuição de quem escreve do que da história real.

Essa incerteza, longe de prejudicar o valor das cartas, ao contrário as enriquecem, pois ficamos absortos pensando em que tempo, em que mundo, em que povo, elas foram imaginadas. Nós recebemos grande número de informações, sobre o Tarô, dos autores do século XIX. Deles vieram interpretações sobre correspondências entre as lâminas enigmáticas e números, Cabala, crenças antigas.

Sobre o Tarô ver o livro "Tarô o Baralho Mágico", da autora.

Ao contrário de querer dar a elas uma origem comum, eles deram às cartas uma concepção sincrética, resultado de fusão de muitas crenças passadas. Referências ciganas, hebraicas, alquímicas, egípcias parecem ter acrescentado aos Tarôs, mil fórmulas, que falam ao inconsciente do ledor da sorte, fazendo-o interpretar o caminho que deve seguir o cliente. *

A origem do nome *Tarô* é uma corruptela dos nomes de deuses egípcios: PT AH e RA. PT AH era considerado divindade da Criação e RA o deus-sol, que os ciganos ainda adoram como sua principal divindade masculina. Para outros autores, a palavra era um anagrama de ROTA, que significa Círculo, à qual se acrescentou um T, para mostrar que o começo e o fim são semelhantes... Para outros autores é uma deformação de THOT, deus egípcio das ciências ocultas, patrono das ciências adivinhatórias. Ao todo existem 22 cartas chaves e 56 complementares. Mas, para alguns autores, perderam-se nos tempos 30 cartas chaves, dos Arcanos Maiores, herméticas e iniciáticas, fruto de resumo da obra de Hermes, Thot.

Toda a leitura dos Tarôs (se for honesta), implica num fenômeno de clarividência, e, um simples conhecimento de seus símbolos não basta. Conhecimento somado à intuição e clarividência dá a leitura correta das cartas secretas. O que mais conta é o dom do adivinho. E não há leituras totalmente perfeitas, em todas as interpretações há possibilidades de erros.

---
* Ler o livro "Tarô, o baralho mágico", da Disflul.

A QUIROMÂNCIA
O ESTUDO DAS LINHAS DA MÃO

QUIRO = mão

MÂNCIA = adivinhação

A Quiromancia é uma ciência bem antiga, pois no Egito já se praticava. Seus sarcedotes usavam túnicas douradas e tinham a cabeça raspada.

Através da leitura das mãos, descobre-se o destino da pessoa, diferindo a mão esquerda da direita.

Para conhecermos a Quiromancia dividimos a mão em 3 partes:

MÃO
- As linhas fundamentais
- Os montes
- Os sinais cabalisticos que determinam a personalidade e destino da pessoa

Se a LINHA DA VIDA for curta, a existência também será, mas aí dependerá da confirmação na mão esquerda, pois com o tratamento do corpo físico, a vida poderá ser prolongada, logo essa previsão não é decisiva.

Se a LINHA DA VIDA for grossa, a pessoa terá personalidade marcante; se for semelhante à uma corda, a vida da pessoa é bem complicada, com muitos embaraços.

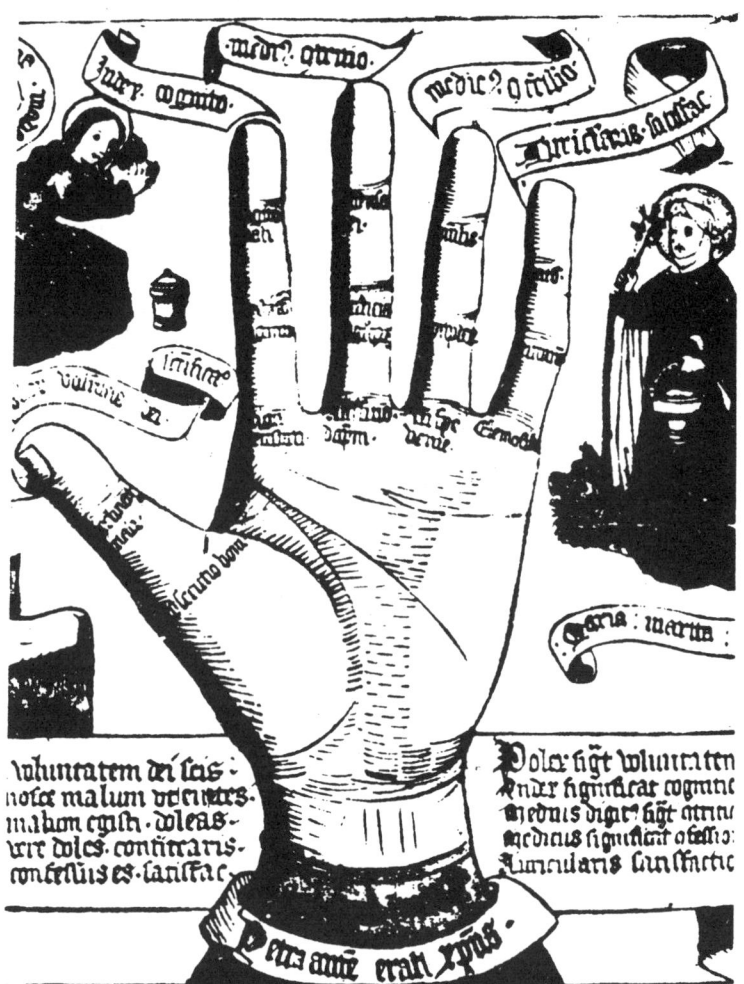

A Quiromância foi estudada na Idade Média e combatida pela Igreja como demoníaca. Hoje voltou à moda, analisada muito mais a sério

Temos a LINHA DA PERSONALIDADE — se for longa, a pessoa sabe o que quer; se for curta é pessoa maleável, indicando também que seu Orixá é de dupla personalidade. Exemplo: — Oxum-Maré. Às vezes a pessoa se vê obrigada a mudar de personalidade por circunstâncias óbvias: para viver bem com seus parentes, com seus cônjuges, etc. etc.

LINHA DA CABEÇA — É a linha mental.

Se a linha for longa, trata-se de pessoa racional.

Se a linha for curta, trata-se de pessoa emotiva, que se deixa levar pelo coração.

Se a linha for longa, mas caída, demonstra que a pessoa é dotada de inteligência, mas não a desenvolveu por falta de oportunidade.

Se a linha for cortada por vários riscos pequenos, denota tratar-se de pessoa de gênio forte, disposta a brigas e de difícil relacionamento.

LINHA DO CORAÇÃO — É a linha do sentimento, da compreensão e do amor.

Se a linha for longa, trata-se de pessoa muito amorosa, romântica e que age, quase sempre, em função do sentimento e não da razão.

Se a linha for curta, é exatamente o contrário, só usa a cabeça, jamais se deixa envolver por sentimentalismos; pessoa interesseira.

Se as linhas forem iguais, denota tratar-se de pessoa equilibrada e que, afinal, seria bom que todas assim agissem.

Quando se pede a mão de alguém e lhe estendem viradas para cima, denota pessoa de coração aberto; se viradas as palmas para baixo, são pessoas desconfiadas.

OS SINAIS — *Grade* — é sinal que dificulta qualquer acontecimento bom, caminhos fechados.

Cruz — é sinal de sofrimento.

Triângulo — significa grande proteção de todas as forças astrais.

Estrela de Cinco Pontas — é sinal de muita sorte e evolução espiritual; se a pessoa for Chefe de Terreiro ou Mãe de Santo, terá êxito em todos os empreendimentos.

Estrela de Seis Pontas — a pessoa é dotada do Dom de Cura, também de muita proteção e muita luminosidade espiritual.

Estrela em forma de chuveiro — denota muita força e sorte.

Tridente ou Garfo — a pessoa possui personalidade dúbia.

Quadrados — caminhos fechados. A pessoa terá dificuldades em todos os empreendimentos porém, quase sempre sem sucesso.

Quando se inicia leitura de mão, deve-se riscá-la com PEMBA ou com ÓLEO DE ROSA BRANCA, invocando-se a proteção do POVO CIGANO.

QUANTO ÀS FORMAS DA MÃO: Comprida e fina é mão de pessoa predestinada às artes; pessoa sonhadora, enfim, um artista.

Mão avermelhada — pessoa geniosa, colérica e facilmente inflamável.

Mão branca — trata-se de pessoa calma e dotada de grande espiritualidade.

SELO DE SALOMÃO — É o Conjunto de linhas gravadas na palma da mão.

Assim, ao analisarmos as fórmulas da adivinhação da antigüidade, chegamos a uma conclusão de que elas se baseiam na tradição, na Cabala, e nunca em algo palpável, racional. Usa-se sempre a intuição, a sensibilidade e não a razão. Considerando que as artes adivinhatórias e a feitiçaria foram proibidas pela Lei Mosaica e também pelo Novo Testamento, causa surpresa, que não tenham ainda sido abolidas. É que elas fazem parte do inconsciente coletivo da raça humana, da infância da raça humana, de suas lembranças do passado mágico e grandioso.

CAPÍTULO II

A LIMPEZA PSÍQUICA

A mente é um dos mundos desconhecidos. Não conhecemos mais do que uma pequena parte de nossa própria mente. Mas, sabemos que pensamento é vida, e se tivermos a mente limpa, se usarmos de fraternidade, se aprendermos a de boa vontade com todos, teremos uma grande chance de viver bem.

Assim, uma das maneiras mais certas de desmanchar o feitiço feito para nós, com o fim de nos destruir, é conservar uma *higiene mental*.

Cuidemos de nosso corpo, higienizemos nosso corpo, por que não cuidar de nossa mente? Pensamentos vingativos, desejos maus, vinganças, são fétidos. Poluem nossa mente, como a sujeira polui o corpo. Más leituras, reuniões de feitiçaria, podem nos induzir a tolices. Mas, Deus nos perdoa se claramente lhe pedirmos perdão. Devemos pedir perdão a Deus toda vez que nossos pensamentos de ódio e maldade dominarem nossa mente. Sentiremos imediatamente um alívio se nos arrependermos sinceramente. Muita gente sofre de angústias, ânsias, manias, só porque guardam dentro de si remorsos e ódios. Uma confissão a Deus, sincera e um arrependimento sincero, nos livrarão desses males. Deus é misericordioso e, amou o mundo de tal maneira, que deu seu Filho Unigénito para todo aquele que nele crê, não pereça, mais tenha a vida eterna. Assim devemos nos lembrar disso e confiar NELE.

Cristo pregou a Grande Verdade: amai ao próximo. Se amarmos a nossos semelhantes e aos seres da criação, se vivermos corretamente, se mantermos nossos pensamentos em ordem, nada nos poderá fazer mal.

Irradia o homem em torno de si forças físicas, como o calor, a eletricidade, irradia também forças psíquicas, como ONDAS VITAIS, que são conhecidas como MAGNETISMO.

Jesus, afirma que só devemos praticar o bem, para chegarmos ao Pai. Três mil anos antes de Cristo, no Egito, já se praticavam experiências com as forças magnéticas, sob o nome de SA.

Antes de irradiar forças em seu redor, o homem as absorve. Logo, é importante que frequentemos bons ambientes, locais e recintos de boas vibrações. Caso contrário, absorveremos energias negativas, que nos irão prejudicar. Mas, se frequentarmos locais bons, saudáveis, teremos bons resultados. Pensamentos bons atraem bons resultados físicos e psíquicos.

Indivíduos rancorosos, ciumentos, invejosos, são geradores de VENENOS PSÍQUICOS. São vasos de veneno e maldade. Quimbandeiros, bruxos, são geradores de veneno e atraem forças negativas. Contra eles, o poder da bondade. Contra eles, o poder do perdão. Contra eles, o poder da oração, da caridade e do amor ao próximo.

Bondade gera bondade. Bruxaria gera, a quem a faz e a quem a ordena, sujeira mental, hipocrisia, doenças físicas. Amar faz bem. Perdoar só traz felicidade.

COMO AUMENTAR AS FORÇAS ESPIRITUAIS

Uma das maneiras de possuir forças contra os feiticeiros, desintegrando as cargas negativas, é fazer USO da oração.

A prece tem uma influência considerável, para aumentar nossa resistência contra malefícios. Por prece, entendemos todo ato espiritual que provoca influência das forças do alto. Para ser benéfica deve ser viva, do ponto de vista social, isto é, orar consiste em recitar automaticamente palavras decoradas, pondo-se a pessoa de joelhos, de mãos cruzadas, olhando para o alto. Não, a prece deve ser sentida, deve ser dita de todo o coração, para que o alto atenda aos nossos verdadeiros pedidos. Porque DEUS AMA a todos e não atenderá aos pedidos para destruir nossos inimigos. Nossos inimigos são também filhos de Deus, e nossas inimizades nada têm ern relação com as forças do alto. Devemos antes de orar perdoar nossos inimigos.

Lembrem-se do que disse Jesus: "Perdoai aos vossos inimigos".

Outra boa maneira de termos forças espirituais é praticar a caridade. Não há ninguém tão pobre que não possa dar, nem tão rico que não possa receber. É dando que se recebe. É perdoando que somos perdoados. É morrendo que começamos a viver de outra maneira.

O perdão é também muito importante para a resolução de nossos problemas e, uma arma poderosa contra o trabalho de bruxos. Aqueles que se habituam a perdoar os inimigos, à prece e aos atos de caridade estão completamente ao abrigo de toda bruxaria. Os pós, o enxofre, os nomes no sapo, os punhais nas bananeiras com nomes espetados, o ódio e a inveja, esbarram na AURA limpa de quem assim está acobertado.

ORAÇÃO FORTE CONTRA FEITIÇOS

Para ser recitada durante nove manhãs ao nascer do sol.

ORAÇÃO DE DAVI

Ouve, senhor, a justiça, atende ao meu clamor, dá ouvidos à minha oração, que não é feita com lábios enganosos.

Saia a minha sentença de diante do teu rosto, atendam os teus olhos à razão.

Provaste o meu coração; visitas-te-me de noite; examinaste-me, e nada achaste; o que pensei, a minha boca não transgridirá.

Quanto ao trato dos homens, pelas palavras dos teus lábios me guardei das veredas do destruidor.

Dirige os meus passos nos teus caminhos, para que as minhas pegadas não vacilem.

Eu te envoquei, ó Deus, pois me queres ouvir; inclina para mim os teus ouvidos, e escuta as minhas palavras.

Faze maravilhosas as tuas beneficiências, tu que livras aqueles que em ti confiam, dos que se levantam contra a tua destra.

Guarda-me como à menina do olho, esconde-me à sombra das tuas asas,

Dos ímpios que me oprimem, dos meus inimigos mortais que me andam cercando.

Na sua cordura se encerram, com a boca falam soberbamente.

Andam-nos agora espiando os nossos passos; e fixam os seus olhos em nós, para nos derribarem por terra;

Parecem-se com o leão que deseja arrebatar a sua presa, e com o leãozinho que se põe em esconderijos.

Levanta-te, senhor, detém-no, derriba-o, livra a minha alma do ímpio, pela tuda espada;

Dos homens, com a tua mão, senhor, dos homens do mundo, cuja porção está nesta vida, e cujo ventre enches do teu tesouro oculto: Seus filhos estão fartos, e estes dão os seus sobejos às suas crianças.

Quanto a mim, contemplarei a tua face na justiça; Satisfazer-me-ei da tua semelhança quando acordar.

CAPÍTULO III

O MISTÉRIO DOS NÚMEROS, ASTROS E DAS PEDRAS

Na sua constante busca ante o Desconhecido, o homem sempre buscou um padrão supremo, que desse ordem ao Cosmos. Assim, ele ainda na Idade Antiga visualizou a existência de um Deus Supremo, que ordenava o mundo e todos os mundos. A observação minuciosa e contínua dos corpos celestes, levou-os a essa forma de sabedoria que designamos por astrologia. Na sua perene revolução, os deuses — planetas entregavam-se a uma pantomima que exprimia a lei que regia o universo. Os astrólogos compreendiam o significado desta atuação harmoniosa. Eles podiam predizer as configurações deste grandioso movimento e, sabiam igualmente a maneira como os movimentos dos corpos celestes afetariam os acontecimentos no planeta. Na hierarquia do mundo, os superiores governam os inferiores, ao passo que os deuses-astros eram os governantes de todos que ficavam abaixo de si.

Entre estes, os sete planetas eram os mais poderosos, "os deuses intérpretes". Júpiter — ou Marduk era o criador, o ordenador do caos. O seu corpo brilhante era como um facho, "um regrador do céu". Quando aparecia na aura da lua, concedia descendentes varões e a sua influência era sempre favorável os presságios da lua. Sim, eram ambíguos em conseqüência da irregularidade das suas faces. A sua contração impedia o crescimento e a sua expansão o estimulava. O Sol, Samas, portador de vida e luz, era igualmente ambíguo, trazendo por vezes um calor abrasador e a seca. Incerto era Mercúrio, Nebo, escriba e deus da sabedoria, que assentava as ações dos homens: o saber tanto pode produzir o bem, como o mal. Saturno, Adar, deus da caça, era propício aos negócios públicos e a vida em família. Contudo, também ele geralmente parece exercer uma influência maléfica e chamava-lhe a calamidade. Maligno era ainda Marte, Nergal, deus dos mortos e da pestilência e causador da guerra, que dizia a morte ao soberano. Ele destruía as colheitas de trigo e tâmaras; impedia o crescimento do gado bovino e dos carneiros, era temível. O inimigo, o chamava, a raposa, persa, etc... Vénus, beneficiente deusa da maternidade e do amor moldada em imagens como bela mulher, com luas nos pés, seios enormes, era fonte de grande poder de cura.

OS SIGNOS ASTROLÓGICOS

Além dos planetas foram e são igualmente criações de Astrologia dos caldeus os doze signos do Zodíaco.

Eles, os signos do Zodíaco destes tempos antigos sumiram, só ficando, destes tempos, seis:

Touro,
Gêmeos,
Leão,
Balança,
Escorpião,
Peixes.

A Arvore dos Sefirots, segredo da Kabala e da Numerologia.

A NUMEROLOGIA DOS ANTIGOS

Ainda que pouco se saiba do seu simbolismo, podemos dizer que, primeiramente, estas figuras estariam diretamente ligadas a questões da terra. Assim o preço do trigo era fixado de acordo com a localidade da balança celeste e não das produções da colheita. Quando o signo de peixes apenas reluzia significava que as ovas de peixe eram afetadas variadamente; Quando Nergal, o maligno planeta, se aproximava do signo de escorpião, isso queria anunciar que o rei estava quase a morrer da picada do escorpião ou de veneno,

Na linguagem do astrólogo, os símbolos adotados constituíam autênticos enigmas para os profanos. O Sol deixa cair lágrimas; Júpiter encontra-se rodeado de invejosos; a Lua viaja e aceita coroas de astros de que se aproxima, coroas de ventos malignos, de raiva, de alegria, de ferro, de bronze, de cobre e ouro; Vénus se aproxima de bens esquisitos e usa coroas de cores diferentes, as suas junções com Marte, Saturno, Mercúrio e Júpiter.

Essas figuras enigmáticas tiveram a sua expressão na antiga linguagem da arcádia ou Suméria, a "língua dos deuses", na qual somente os principiantes dialogavam. Ao povo era escondido o conhecimento dos segredos cósmicos, pois se relacionava com a revelação do futuro e poderia aterrorizá-los ao ponto de largarem os seus trabalhos. Aqueles que estudavam os astros eram mais influentes do que os próprios ministros do rei, e eram consultados com freqüência por governantes estrangeiros. Diodoro da Sicília testemunha o seu privilégio: "tendo observado os astros durante inúmeros anos, conhecem-os de maneira mais precisa, do que qualquer outra pessoa, os movimentos e a influência dos astros e dizem com rigor muitas coisas sobre o futuro."

Desde tempos antigos que o mundo conhecido havia sido dividido entre as quatro direções do céu naqueles tempos. O sul era a Acádia; o norte, Saburtu; o leste, o Elão e o oeste, a Síria e a Palestina. Os movimentos dos astros e outros eventos celéstes eram interpretados de acordo com esta geografia astrológica. Deste modo, seria tomado como natural que o trovão ribombasse no sul, na Acádia, já que a trovoada de outras direções era considerada aziaga. Aos vinte e nove do mês, a lua era favorável à Acádia, mas desfavorável em relação a Amurru, etc... Ainda mais intricada era a concepção que os caldeus tinham da substituição dos astros, cujo significado apenas começou a ser revelado após uma recente descoberta. Em certos casos da interpretação dos astros, um planeta ou uma estrela fixa poderia ser substituído por uma constelação ou signo do Zodíaco. Assim, Saturno poderia ser substituído por Balança, Orion, ou Corvo. Estas relações baseavam-se em semelhanças de cor e luminosidade entre os astros, pois acreditava-se que os corpos celestes da mesma luminosidade e cor, se relacionavam mutuamente, teoria esta que permitiu muitas variações e sutilezas na interpretação dos astros.

Como vimos, desde tempos remotos que todo o mundo conhecido, havia sido dividido segundo as quatro diretrizes dos céus, O sul era a Babilônia, o norte a Assíria, o leste a Pérsia de Zoroastro, e o oeste a Síria e a Palestina. Todos os movimentos dos astros eram interpretados seguindo-se essas direções. Logo, hoje em dia, eles nada valem, pois o mundo conhecido é bem outro, muito outro, mas as bases da astrologia continuam sendo as mesmas. Logo, por que crer tanto em semelhantes coisas?

Vemos, nesta análise, que muita coisa que hoje em dia cremos como verdadeira, tem ligações com coisas superadas, sem lógica e que já deviam ter sido abolidas, mas ainda não o são. Mais uma vez achamos que deve-se ao chamado Inconsciente Coletivo (teoria de *Yung*) que guarda as lembranças do passado, da infância da raça humana, dos tempos de Babilônia, e até do Éden, de onde partimos com a marcá do pecado...

Mas, se pelo homem entrou no mundo o pecado, por um outro homem, JESUS, entrou a salvação. Ele nos salva, nos anima e nos cura. *A Ele todo o Poder e toda a Glória para sempre!*

A RODA DO ZODÍACO

A Astrologia estuda o movimento cósmico através do trânsito planetário. A relação do indivíduo com a posição dos planetas no momento de seu nascimento.

Mas a finalidade, real do estudo da Astrologia seria o encontro da Harmonia.

Peixes e Aquários, os dois últimos signos do Zodíaco, considerados os mais espirituais.

A tomada de consciência do mapa astrológico, colocaria o ser humano a par de suas dificuldades e facilidades no decorrer da vida, conforme seus aspectos planetários. Podemos, desta forma, usar as energias emitidas pelos planetas a nosso favor, de acordo com as possibilidades de cada um.

Chamamos a este trabalho RODA DA SORTE, por ser RODA DA FORTUNA OU DA SORTE O DÉCIMO ARCANO MAIOR DO TARO. Significa essa lâmina, em Astrologia o Movimento Cósmico, aquilo que irá se cumprir de forma natural, ou a RODA DO ZODÍACO.

O Arcano vem nos mostrar, que nada é só positivo ou só negativo, dependendo apenas de rotulagem, o que pode ser positivo para mim pode não ser para outro e assim sucessivamente. Tudo é movimento e nada para no Universo. Tudo caminha para que se cumpra o KARMA e nessa caminhada existem muitas possibilidades. A Astrologia estuda revela e aplica essas possibilidades. Entenderam? Então vamos começar pela base, que são os planetas e a grande estrela — O SOL. Depois na próxima aula veremos os signos, e suas relações conosco.

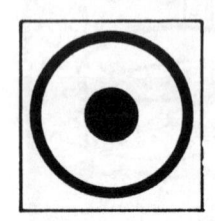

SOL

Coluna do edifício, senhor da luz, fogo gerador de vida, cuja alternância de nascimentos e crepúsculos rege durante todo o ano os ciclos naturais e as estações, o sol, na astrologia, determina o signo do nascimento e, portanto, as tendências profundas do ser e suas reações fundamentais. Símbolo do espírito e da luz interior, seu calor comanda todas as manifestações orgânicas. As estatísticas mostram que, quando das erupções solares, o número de suicídios aumenta: isto revela o poder da sua influência. No aspecto bom, ele faz prevalecer os valores humanos mais altos e, no mau aspecto, conduz à dominação tirânica de outrem e à auto-destruição; o sol é a imagem da energia vital, induz o ser humano a realizar seu destino, a tornar-se centro criador, sol.

LUA

Face ao princípio masculino do sol, a lua representa o aspecto feminino, sua irmã e companheira. De um lado a razão, o poder, a clareza e a fecundação; do outro, a intuição, o instinto, o claro-escuro e a geração. Força passiva e receptiva, a lua, porém, provoca as marés dos oceanos, atua sutilmente sobre a vida das plantas, rege a fisiologia feminina e a vida animal. O imaginário, a sensibilidade e as emoções sofrem sua influência. O mágico, o poeta, o ioguim sabem muito bem que não existe acesso às energias ocultas do cosmo, sem uma estreita intimidade com a lua.

VÉNUS

Ao mesmo tempo estrela vespertina e estrela matutina. Vénus sempre foi considerada a mãe dos seres vivos, cuja vitalidade provê. Principio do desejo primordial e da atração dos seres, essa deusa das bodas sagradas, une os humanos na graça e na harmonia. Regula os jogos do amor, provoca o despertar da consciência transcendental. Símbolo da mulher e da beleza, representa a alegria do momento, fugaz e iluminado. Favorável, abre o ser à beleza das formas do universo, à arte, ao prazer, a meditação. Desfavorável, impele a ausência de medida, à lentidão e às perversões. Afrodite ou Astarte. Vénus define aquela dimensão da experiência, na qual o ser ultrapassa seus limites individuais e se abre à vibração do universo, num jogo que tem seus perigos.

MERCÚRIO

Muito cedo, o homem reconheceu em Mercúrio a sua própria mobilidade e a inconstância do seu humor. Mensageiro dos deuses entre os babilônios e gregos, este, vizinho próximo do sol, logo foi definido como o iniciador. O deus Mercúrio portador do caduceu, aquela serpente dupla enrolada num bastão, preside à descoberta e a ativação das energias grosseiras e sutis do corpo humano. Esse conhecimento é o apanágio dos médicos e dos que curam. Ativação do circuito das energias sutis, reflexo do trabalho dos iniciados na Ioga que despertam seu Kundalini, essa energia que serpenteará ao longo da coluna vertebral.

Símbolo da inteligência e do conhecimento, Mercúrio influencia também o comércio do espírito que separa as coisas, as analisa e classifica, segundo sua lógica. No aspecto bom, dá o senso de realizações, a faculdade de adaptação e de comunicação. Este, mestre da vida mental pode, no aspecto mau, assemelhar-se a uma criança capaz de fazer traquinagens.

Mercúrio, mensageiro ocupadíssimo, separa as vibrações do meio ambiente e joga com as energias.

MARTE

Em astrologia, o planeta vermelho, Marte, é o astro sanguinolento, fomentador da guerra e da discórdia, mas também agente de ação. A cólera, a paixão, a coragem passam pela sua vontade, que desafia as ofensas. Símbolo do fogo justiceiro, é o agente fogoso das ordens do espírito. Marte detesta o repouso, quer conquistar e só pode viver no dinamismo do movimento. Fasto, dá o espírito do guerreiro, uma inteligência conquistadora, uma vontade férrea, um ardor no amor como no combate social. Nefasto, leva à intolerância e ao espírito de destruição, fanatismo e crueldade, indelicadeza e inveja, à guerra.

JÚPITER

O planeta mais volumoso, Júpiter, gira majestoso, branco e sereno, sobre seu eixo vertical cercado de numerosos satélites. Este astro é o instrumento da sabedoria, o rei dos deuses da mitologia grega; reúne o humano e o divino, a terra e o céu; suas uniões com os terrestres criam os heróis. Grande ordenador, sabe harmonizar os contrários, no respeito à lei e às tradições com uma generosidade magnânima. No bom aspecto, Júpiter traz o poder, a retidão, a confiança em si mesmo, a harmonia interior criada pela vontade. No aspecto mau, suscita a vaidade, a vontade do poder, o dogmatismo tacanho. Júpiter, ou da meditação à ação...

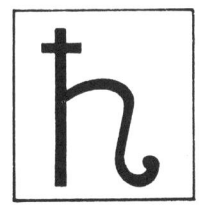

SATURNO

Este astro sombrio e distante, gélido em seu isolamento, foi comparado ao deus do tempo, o Cronos da mitologia grega, que devorava seus próprios filhos e foi exilado por seu filho rebelado, Júpiter. Saturno, poder tenebroso, age às ocultas e simboliza a impermanência, as provas e os sacrifícios de uma vida que pode conduzir à sabedoria. O mito de Saturno liberta cruel e radicalmente as cadeias do instinto e das paixões, faz evoluir a humanidade no caminho da transmutação. Fasto, influencia a concentração, a reflexão, o senso prático e a aquisição de um poder real. Nefasto, leva à melancolia, ao desespero, ao pessimismo, à rigidez e ao isolamento.

NETUNO

Este antigo rei das águas marinhas, simboliza as forças que emanam do desconhecido primordial. Agente da dissolução cósmica ele é, portanto, ao mesmo tempo, o da harmonia universal Permeabilidade ao meio, contemplação, comunhão com a natureza, dilatação da personalidade em vista de uma superação, são as características deste planeta. Sua influencia, à imagem do inconsciente, pode ser destruidora ou criadora, Degradado, conduz à anarquia, à demagogia e ao caos. No estado refinado, encontra sua afirmação na obra coletiva e fraternal.

URANO

Urano simboliza no ser a necessidade de uma consciência maior. A conquista dos píncaros mais altos, a atração do sobre-humano. Este planeta marca o esforço de Prometeu, que rouba o fogo celeste e o distribui. Também cria o complexo do aprendiz de feiticeiro: aquele que, vencido pelo desencadear dos elementos que provoca e não pode mais controlar, pode tornar-se neurótico.

Urano influencia o instinto do progresso, a necessidade de ir em frente rumo a uma nova era. Assinala a bomba atômica como o começo da era do aquário e representa a mudança inesperada, as revoluções, a invenção. Este planeta pesado marca nosso tempo, com sua influência cambiante e de dois gumes.

PLUTÃO

O planeta mais distante descoberto até agora, Plutão, marca um reino que começa com o inconsciente. Este astro enigmático possui, tal como o "soberano dos infernos", um poder ao mesmo tempo sagrado e temível. Simboliza a graça da separação da matéria e o desespero de ser tragado por ela. Influencia tanto o gênio quanto a criminalidade, a elevação como a queda. Como Osíris ou Orfeu, o ser realiza sua própria descida aos infernos e tenta retornar dali, metamorfoseado. De um lado a invasão das trevas, do outro, a luz. Plutão deixa a escola, quer dependa da sabedoria ou da loucura dos homens. Seus aspectos maléficos correspondem ao adversário, Satã o eterno tentador. Plutão será sempre marcado pelo signo da invisibilidade; age às ocultas, como o justiceiro secreto do princípio divino: é o guardião do limiar de que falam todas as tradições iniciáticas, Benéfico, leva o ser a se transmutar, a transpor o limiar, a romper o encadeamento dos hábitos. Abre em si tanto o inferno quanto o paraíso, nisto, marca bem o nosso mundo que muda ao mesmo tempo numa destruição forçada e no apeio de uma nova aventura da evolução humana.

A FORÇA MÁGICA
DAS PEDRAS PRECIOSAS

A força mágica das pedras preciosas tem sido objeto de estudos por todos os que se dedicam ao Ocultismo, desde tempos remotos. Com a Alquimia, e com o desenvolvimento da Química, a partir do Século XVIII, cientistas renomados tem dedicado especial atenção a análise físico-química dessas substâncias. Do estudo dos cristais foi que nasceu a telegrafia sem fio.

Mohs, famoso cientista, criou uma escala de dureza para medição dessa propriedade física, e tomou por base dez substâncias (minerais) que ocorrem na crosta terrestre. Essa escala vai do número 1 (dureza do talco) até o número 10 (dureza do diamante), a mais dura das pedras preciosas. Nessa escala, temos codificados pelos números 2 a 9 respectivamente as seguintes substâncias: Gesso, Calcita, Fluorita, Apatita, Ortoclásio, Quartzo, Topázio, Corindon. De acordo com a escala de Mohs, o vidro possiu dureza 6,5 e o carborundo (utilizado na confecção de esmeris) possui dureza 9,5).

As pedras preciosas sempre foram associadas aos signos zodiacais. Os ciganos, são particularmente fascinados pelas pedras e gemas. A título de ilustração mostramos a seguir algumas pedras preciosas e semi-preciosas;

ÁGATA

Pedra semipreciosa constitui uma variedade de quartzo de cores vivas e variadas, dotada da policromia tão propícia aos geminianos. Diz a Astrologia que suas qualidades místicas trazem saúde e longevidade aos que a usam; propicia também o dom da eloqüência, e já foi usada no passado como prevenção contra dores de cabeça, cansaço dos olhos e irritações da pele. A ágata consiste de calcedônia, ametista e jaspe. Às vezes apresenta linhas alternadas de pedras vermelhas e brancas, às vezes marcas oceladas.

ÁGUA-MARINHA

Pedra preciosa de coloração azul-esverdeada, cintilante. É uma variedade de esmeralda e considerada benéfica para os nativos de Peixes; segundo os místicos ela dá esperança a quem a usa, rejuvenescendo-o. Gema do grupo dos berilos, tem seu nome tirado das palavras latinas: "água do mar". Diz a Astrologia que traz harmonia para os casados, sendo por isso ótima para anel de casamento. Atualmente é lapidada em forma de brilhante, ou, quando o espécime é fino e de grande tamanho nas lapidações esmeralda ou baguete. Dá tranqüilidade aos navegantes. É a pedra da sorte para os nativos de Escorpião e muito auspiciosa para os piscianos.

ÂMBAR

É uma resina fóssil, extremamente dura, cujas cores variam entre o amarelo e o vermelho azulado. O nome não deve ser confundido com a substância resinosa e aromática do mesmo nome.

AMETISTA

Pedra semipreciosa, variedade de quartzo. (O quartzo é um mineral romboédrico, óxido de silício, o qual se apresenta em numerosas variedades; também chamado cristal de rocha; o mesmo que quarço). A ametista tem uma bela tonalidade púrpura ou violeta. Seus poderes mágicos inspiram virtude e elevados ideais. Os bispos a tem escolhido a centenas de anos para o anel episcopal. Antigamente os médicos a usavam, pois acreditava-se que ela tinha poderes curativos.

BERILO

Mineral hexagonal, silicato de alumínio e glucídio, é uma pedra semipreciosa. Possiu uma vibração muito benéfica, especialmente o chamado corindon azul ou safira oriental. Os virginianos a devem usar como talismã.

CALCEDÔNIA

É uma variedade de ágata branca azulada, também usada com êxito pelos virginianos do 2º decanato; dizem dar fortuna e felicidade aos que a usam. É muito propícia também aos taurianos do 3º decanato.

CORAL

É uma secreção calcárea de pólipos que vivem nos mares tropicais, apresentando-se nas cores branca e vermelha, e tem o poder de aumentar o poder magnético dos que a usam.

CRISÓLITO

Pedra semipreciosa luminosa, de coloração amarelo-esverdeada, tem como variações a olivina e o peridoto. É o símbolo da satisfação e da fidelidade. É muito propícia para os virginianos e também para os leoninos. Na antigüidade era usada durante o dia para dar inspiração poética e à noite para afugentar fantasmas. Como o sardônix não deve ser usado pelos taurianos e escorpinianos.

DIAMANTE

Mineral monométrico, carbônio puro, é a mais dura e brilhante pedra preciosa. Tem estrutura cristalina atômica, isto é, o retículo resulta da união de átomos de um mesmo elemento químico. É de uma variedade metaestável, pois através de gerações transforma-se em grafita. Esta transformação, torna-se praticamente instantânea, se o diamante for aquecido a 1500° centígrados. A transformação reversível consiste em submeter a grafita a pressões (ou compressão) elevadas. Isso porque, levando-se em conta que a estrutura da grafita é menos compacta que a do diamante, a pressão elevada tem por finalidade aproximar os planos paralelos, ao mesmo tempo que os torna reversos. Nisto fundamenta-se a obtenção dos diamantes artificiais, os quais são entretanto pequenos e de má qualidade, não oferecendo nenhuma vantagem econômica. Porém no futuro, com a evolução da técnica o homem poderá obter diamantes de altos quilates, mas sem as qualidades místicas dos diamantes naturais. Se um quilate pesa 199 miligramas, cada grama corresponde aproximada a 5 quilates (0,995 gramas = 5 quilates). Um dos maiores diamantes obtidos pesa 600 gramas (cerca de 3.010 quilates). Trata-se de um diamante artificial. É a pedra mais dura e límpida de todos os minerais, acentua o orgulho e a autoconfiança dos que a usam.

O diamante é também a pedra zodiacal dos arianos.

ESMERALDA

Pedra preciosa verde cintilante do grupo dos berilos, símbolo da constância e da afeição. É indicada para os taurianos. Como pedra pode ser escolhida sob a forma de brilhante, com 57 ou 58 facetas lapidadas, ou na forma de esmeralda, que é uma lapidação quadrada cuja superfície superior é larga e retangular, com as outras faces menores. A esmeralda também pode ser usada pelas pessoas do grupo canceriano, mas dá sorte também para ou taurianos.

GRANADA

Designação genérica dos minerais do grupo das granadas, misturas isomorfas de vários silicatos, cristalizados no sistema monométrico. É uma brilhante pedra semipreciosa vermelho-escura, símbolo da fidelidade, devendo ser usada pelos capricornianos. Segundo os místicos ela avisa aos que a usam da aproximação de perigo iminente, mudando de cor. Dá sorte também para os aquarianos.

HELIOTRÓPIO

Variedade de jaspe verde, mosqueada de pintas vermelhas, gema que simboliza a coragem, recomendada aos piscianos. É muito utilizado em chancelas e sinetes.

JACINTO

Também chamado zirconita, é um mineral tetragonal, silicato de zircônio. Pedra preciosa, se apresenta em várias tonalidades, muito propícia para os virgianos.

LÁPIS-LAZÚLI ou LAZULITA

Mineral monoclínico azul, fosfato básico de alumínio, ferro e magnésio, também chamado claprotita e lazulita. Muito propícia para os aquarianos.

OPALA

Variedade de silício hidratado, de cores variadas, dá confiança e coragem aos que a usam. Mas dá má sorte para todos, exceto para os librianos. Pedra semipreciosa, reflete lampejos e fulgores sem precisar ser lapidada; não possuindo forma cristalina, é uma variedade de sílica comparativamente mole, sendo formado por esqueletos e cascas de pequenos organismos animais e plantas. Suas tonalidades iridescentes são causadas pela refração irregular da luz sobre a superfície. É sempre lapidada em forma de losango e lisa. É porosa e não deve entrar em contato com óleo ou água.

PÉROLA

As pérolas simbolizam a pureza, mas são consideradas pedras de má sorte pelos ciganos, que às comparam às lágrimas, pois são arrancadas do coração de um animal vivo. Mas são consideradas favoráveis para os cancerianos. Nem todo o mundo pode usar pérolas. Em algumas pessoas elas perdem o brilho. Quando isso ocorre é melhor deixar de usá-las algum tempo para que recuperem o esplendor.

RUBI

Variedade vermelha do coríndon; temos também o Rubi-da-Sibéria, variedade vermelha da turmalina, o mesmo que rubi-de-madágascar. Pedra preciosa cintilante do grupo corindo, varia em tonalidades do rosa pálido ao vermelho vivo. É o símbolo da liberdade. É muito favorável aos cancerianos, e também para os arianos. O rubi espinélio, menos precioso, é uma pedra mais mole e de diferente composição, não possuindo as mesmas propriedades.

SAFIRA

Pedra preciosa, variedade azul do coríndon. Pedra da sorte dos arianos e muito favorável aos taurianos. Simboliza a esperança e a tranqüilidade. Disse São Jerônimo que a safira favorece os que a usam para pacificar inimigos e libertar de feitiços. Os sagitarianos devem escolher a de tom azul e não a branca.

SARDÔNIX

Pedra semipreciosa vermelho-escura, dão coragem e virtude a quem a usa e é recomendada aos leoninos. Simboliza a felicidade e é muito usado pelas noivas no dia do casamento. Composto de cornalina e calcedônia em camadas, o vermelho da cornalina aparecendo através da calcedônia, que é menos opaca, ou através do ônix, na camada superior. Não é recomendável para os taurianos e escorpioninos.

TOPÁZIO

Mineral ortorrômbico, ortossilicato fluorífero de alumínio, pedra preciosa segundo os ciganos, mas é considerado uma pedra semipreciosa amarela, branca, rosa e de outras cores. O topázio simboliza o amor e a lealdade. Pedra de sorte dos escorpianinos é portadora de qualidades psíquicas. Os piscianos e virginianos não o devem usar.

De acordo com a lenda o topázio dá a quem o usa o dom de amar e ser amado.

TURMALINA

Mineral romboédrico, silicato complexo de boro e alumínio com magnésio, ferro ou metais alcalinos.

TURQUESA

Mineral triclínico, azulado, fosfato de alumnio hidratado colorido por um composto de cobre e usado como pedra preciosa. A turquesa, porém, é uma pedra semipreciosa azul-esverdeada e opaca, assim chamada porque foi trazida através da Turquia, da Pérsia para a Europa.

Pedra da sorte dos taurianos. Variedade de fosfato de albumina, dá calma e tranqüilidade aos que a usam.

AS PEDRAS
E OS SIGNOS:

ÁRIES — Ametista, Diamante e Rubi;

TOURO — Jade verde, Lápis-Lazúli e Safira Azul;

GÊMEOS — Berilo, Esmeralda, Ágata, Topázio;

CÂNCER — Berilo, Pérola;

LEÃO — Diamante e Crisólito;

VIRGEM — Jaspe, Jacinto, Esmeralda, Berilo;

LIBRA — Jade verde, Lápis-Lazúli, Safira Azul;

ESCORPIÃO — Ametista, Diamante, Topázio;

SAGITÁRIO — Ametista, Turquesa, Safira;

CAPRICÓRNIO — Berilo, Esmeralda, Ágata;

AQUÁRIO — Safira, Ametista, Opala, Esmeralda;

PEIXES — Crisólito, Água-Marinha, Safira, Topázio.

CAPÍTULO IV

AS DEFESAS ESPIRITUAIS

O FORTALECIMENTO DA AURA

Os místicos, de um modo geral, acreditam que o corpo físico é acompanhado de um corpo astral ou alma. Creem ainda, que temos uma espécie de continuação do corpo físico, invisível, luminoso, que se chama *aura*. Durante séculos a ciência oficial negou a existência da aura, agora começa a aceitar essa teoria após a descoberta do efeito Kirlian, que mostra em fotos a aura luminosa que há nas plantas, nos animais e no homem. Assim, a aura seria um círculo protetor do corpo físico, quando bem tratada, dizem os magos. Para isso costumam usar banhos de descarga, de limpeza psíquica, rezas, rituais, etc. Geralmente usa-se para limpar a aura ervas tais como:

arruda,
guiné,
abre-caminho,

mulungu,
raiz de salsaparrilha,
cipó prata,
imburana,
Pau D'alho, vence Demanda,
espada de São Jorge,
perfumes, etc.

De um modo geral os perfumes são considerados em Magia atrativos de amor, de boas vibrações. São usados desde os tempos do Egito faraônico para agradar aos deuses.

Esses métodos de limpar a aura foram usados em todas as fases da História. Os conhecimentos, freqüentemente chamados de esotéricos, são uma herança dos tempos antigos da humanidade quando a matemática, a medicina e a astrologia eram então ciências mágicas, dadas aos homens pelos "deuses". Ora, é fácil de compreender que isso tenha ocorrido pois as ciências eram então consideradas como coisas maravilhosas, das vindas de Deus para a Terra. Hoje temos outra visão destas ciências, sabemos que nada têm a ver com forças de Deus e sim são o resultado de nosso estudo, de pesquisas, de anos de trabalho cético ou experimental. Assim como os ciganos já sabiam fabricar penicilina, antes dela ter sido descoberta, e, usada pela medicina tradicional, e os egípcios e os indígenas da América pré-colombiana, sabiam fazer operações antes da medicina tradicional, assim, a medicina mágica sempre curou e sempre receitou garrafadas, ervas, banhos. Alguns funcionam, outras não... tentemos.

O DOM DE OLHAR

Olhar além da realidade, sentir, é Q maior dom para os que pretendem conhecer o feitiço e desmanchá-lo. Como obter esse dom. Os antigos acreditavam em mulheres dotadas desse dom e os Oráculos de Eleusis e de Carmona ou de Delfos nos revelam que certas moças, em geral donzelas, eram colocadas junto a fontes naturais de água quente ou onde se desprendiam vapores de incenso ou mesmo onde se invocavam espíritos e elas assim sugestionadas entravam em transe. E previam o futuro ou cortavam feitiços.

Contrações óticas, respiração, controle mental ajudam a aperfeiçoar o dom de intuição. Mas, hoje sabemos que todos têm intuição e muita coisa que achamos sobrenatural a esse respeito, não passa de fenômenos comuns, parapsicológicos. Mas, quanto aos toques, eles em geral funcionam. Como? Bem sabemos que nosso corpo é formado de energia condensada. Logo, nos toques podemos ajudar a curar angústias, neuroses, tensões. Esses toques são usados na medicina chinesa tradicional —, muito em moda agora, e na medicina cigana ou mágica oriental.

Para curar neuroses usamos o seguinte toque: pressão contínua da unha do polegar no pulso. Angústias são minoradas com a pressão do dedo polegar (unha também) no plexo solar (entre os seios). Depois dá-se uma massagem com a ponta dos dedos nessa região.

Dores no corpo e cãibras, usa-se a seguinte pressão: Polegar fazendo pressão em cima do pé (no peito do pé). Os toques fazem com que a pessoa, que se sente enfeitiçada cure-se, pois, muitas vezes o feitiço não passa de uma sugestão, vinda de leituras ruins ou de medos infantis.

Se todo o Universo vibra, vive e se harmoniza, devemos aprender a viver bem, em harmonia com as forças benéficas para termos sempre boa vontade e paz: — *"Paz na Terra aos homens de boa vontade"*.

USO DA ÁGUA PARA AJUDAR A COMBATER FEITIÇOS

Muitas vezes necessitamos da água e dos elementos da natureza, no combate a depressões e sensações negativas. A água, é também um meio muito comum e fácil de nos curarmos e nos ajudarmos intimamente. Ela pode ser empregada como gelo, líquido, ou água quente. Como a pele, é o órgão maior de eliminação no corpo, o banho diário, com um bom sabão e água, constitui um emprego fundamental, "e muitas vezes negligenciado", da água na terapêutica e na prevenção. É também agradável. Nos banhos de descarga a água deve ser limpa, muitas vezes água serenada, ou água de chuva. Somos contra, totalmente, ao uso dos banhos de abô (onde entram restos de animais sacrificados, de ervas estragadas, de fumo e outras coisas ruins). Esse banho, usado nos candomblés, jamais pode ser aceito pela magia branca. Semelhante atrai semelhante; larvas e mau cheiro não podem atrair coisas benéficas. Assim acreditamos.

Em magia branca a água é usada de vários modos:

como estimulante — muito quente.

como sedativo — em banhos mornos com perfumes.

como tônico — água quente tomada internamente melhora o apetite a digestão e a nutrição.

como diurético — aumenta a micção.

como purgativo — esvazia os intestinos.

como purificador — externo e interno.

como emético — água salgada quente para produzir vômitos.

como atrativo de forças boas — em taças ou copos brancos, colocados no ambiente de trabalho ou em casa.

como hipnótico — para produzir o sono.

Assim, devemos fazer sempre uso da água, fonte natural de saúde, e lembramo-nos que há uma outra água, — *água da vida*, — que sai do corpo dos que amam a Jesus e o aceitam como Salvador pessoal. Essa água nunca se extingüirá.

COMO DESMANCHAR FEITIÇOS PELO ALHO

O alho sempre foi usado contra a bruxaria. Os camponeses da Europa, antes de entrar em uma casa, logo após a terem construído, usam amuletos e colares feitos com cabeças de alho para cortar as bruxarias. Esse costume nunca deixou de existir, vem da Idade Média e persiste até hoje. No interior do Brasil, o alho é usado para cortar todas as feitiçarias. Com ele fazem-se amuletos ou breves." Dizem os umbandistas, que usar um alho roxo num saquinho no sutiã, corta o feitiço, sendo que, para os homens, aconselha-se colocar o saquinho no bolso. Defuma-se a casa com palha de alho para cortar más influências. E com o alho eles fazem ainda uma série de coisas, como chás para pessoas doentes, quando não se chama o médico, ou soca-se um alho, e dá-se na comida para cortar doenças de feitiços.

Além do alho são contra-feitiços usados, as seguintes ervas:

Arruda,	Vende Demanda,
Guiné,	Beldroega,
Erva de São João,	Beladona,
Erva de Santa Maria,	Espada de S. Jorge,
Abre caminho,	Olho de boi,

Além do carvão vegetal e oliveira

---

* A esse respeito ver a obra "O livro dos amuletos e dos talismãs", da autora e desta editora.

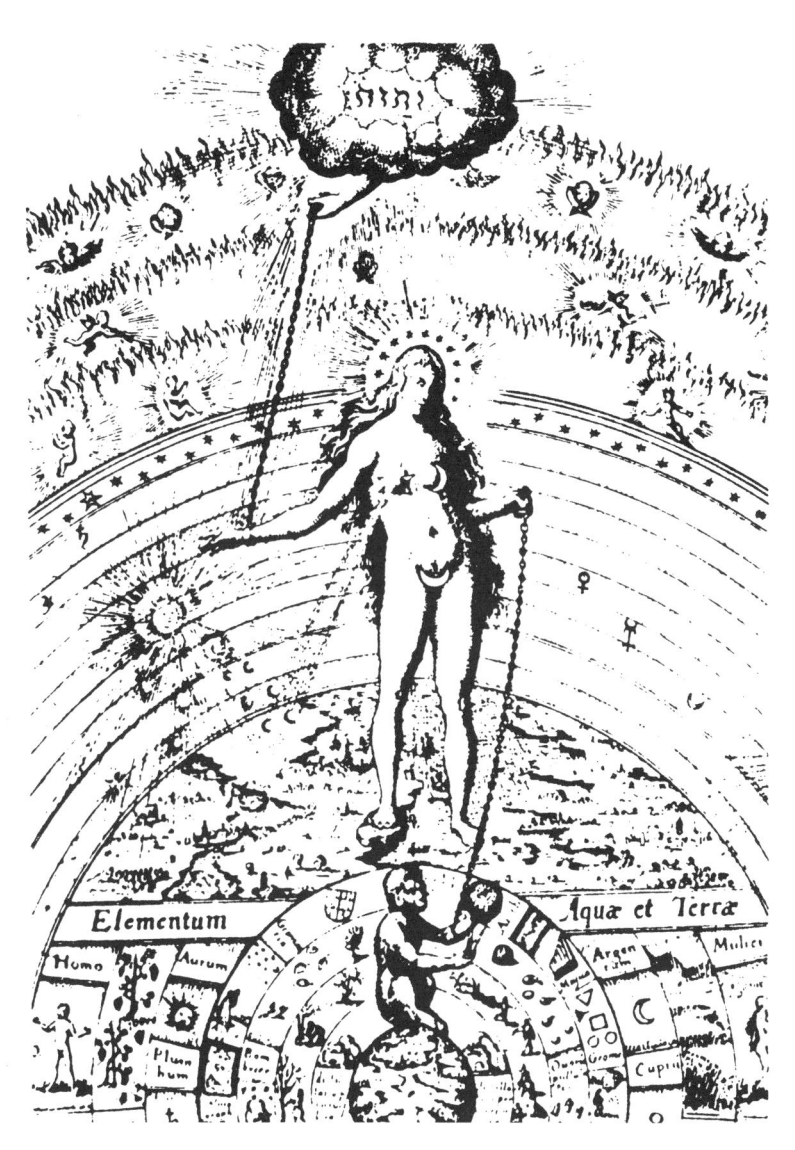

A alma do Mundo.

CAPÍTULO V

O PODER DA FÉ

"Pela fé, entendemos que os mundos, pela palavra de Deus foram criados; . . . pela fé, Abel ofereceu a Deus maior sacrifício do que Caim . . . pela fé, Enoque foi transladado para não ver a morte . . . ora, sem fé é impossível agradar a Deus, porque é necessário, que aquele que se aproxima de Deus creia que Ele existe, e que é galardoador dos que o buscam." *Aos Hebreus*, 11, 3, 4, 5, 6. Paulo de Tarso.

Assim como os antigos, o homem atual necessita de fé. No seu dia a dia conturbado, vivendo nas cidades, andando em conduções cheias ou em carros, onde não se tem onde estacionar, vivendo de modo rápido e angustiado, recebendo informações de todas as partes do mundo, geralmente informações sombrias e más, esse homem mais e mais precisa de Deus. O medo gera a angústia. Medo de guerras, de epidemia e do futuro. Medo do que após a morte (esse mesmo medo, que sentiram nossos irmãos do Paleolítico, do Egito, da Caldéia e da índia, de todos os tempos enfim, e que foi o condutor do homem aos deuses, e a Deus) e da fome, medo de perder Q emprego ou de prisões, esse medo é que leva o homem a pensar em Deus e a ter fé. Assim como Paulo de Tarso, exortou seus amigos das diversas igrejas cristãs, de seu tempo, a terem fé em Deus, no Deus vivo e verdadeiro, no Deus de luz e Amor, assim também hoje, ainda recorremos às palavras de Paulo e acreditamos que a fé removerá montanhas de medo, a fé fará surgir um homem mais humano no futuro, homem mais fraterno, mais temente a Deus, mais próximo da Verdade.

É pela fé que chegamos á oração. Há um poder imenso na oração. Ela nos liga ao Criador, através de Seu filho JESUS. Ela nos liberta de opressões e nos cura, nos alimenta espiritualmente e nos faz fortes. Em todos os tempos o homem orou. Nos perdidos templos do Himaláia, com suas cabeças ornadas de estranhos e dourados chapéus, o homem rezou. Nos templos de Tebas, de Saís e da Macedónia, ou nas catacumbas cheias de velas, ou nos santuários estranhos de Pestofá ou mesmo em Roma dos césares, o homem rezou a seus deuses. Nos caminhos da fé há sempre orações. Os índios americanos chamavam por seus espíritos divinos-Manitu, ou Monã ou Sumé ou que nome tenham dado a suas divindades, mais sempre e sempre, na face da terra, vemos o ser humano à procura de forças que vem do alto, do céu, de Deus.

A oração e o arrependimento de nossas faltas, nos limpa por dentro. E qual feitiço, natural ou com objetos macabros que sejam, pode resistir a esses dois inimigos da feitiçaria? Quem pode manobrar uma alma, que se purifica pela oração e pelo arrependimento?

Assim, todas as manhãs, devemos ao acordar orarmos para que tenhamos um dia muito bom e de saúde.

A Jerusalém Celeste

ORAÇÃO
DA VERDADEIRA FELICIDADE

Salmo 1

*"Feliz aquele
que rejeita os conselhos dos maus,
que não segue o exemplo dos pecadores,
e não anda com os que zombam de Deus.
Ao contrário, o seu prazer está na lei de Deus
e nessa lei ele medita dia e noite.*

*Esse homem é como uma árvore
que cresce na beira de um riacho;
ela dá frutas no tempo certo,
e suas folhas não murcham.
E tudo o que esse homem faz dá certo.*

*Os maus não são assim;
eles são como a palha que o vento leva.
Por isso, os pecadores serão condenados
                              [por Deus,
e ficarão separados das pessoas direitas.
Porque, Deus dirige e abençoa a vida
                              [dessas pessoas,
porém, o fim dos maus é a perdição."*

A FORÇA DAS REZAS BÍBLICAS

Em todas as orações pedimos a Deus ajuda, e nos convencemos de que temos pecados, e queremos ser perdoados do pecado. A noção de pecado está impregnada no homem, temos certeza de que somos pecadores, mas que podemos ser absolvidos. Temos certeza, de que Deus é misericordioso e nos auxilia em nossa fraqueza. Assim, o hábito de orar torna o ser humano livre de depressões, de tormentos e até de neuroses. O pecado escravisa. A oração liberta. Tomemos o hábito de orar e veremos como nossas tensões se aliviarão, como cessam nossas angústias causadas pelo dia a dia trabalhoso, nosso medo e nossas incertezas terminarão.

Todos os povos rezaram. Os egípcios nos templos dourados de Saís, de Tebas, de Mênfis, os caldeus em seus zigurates, os mongóis em volta das fogueiras, os hindus na água do Ganges, ou queimando incenso a Brama, os cátaros e todos os místicos bretões e celtas em suas igrejas-fortale- zas de pedra, os mouros junto aos seus cavalos, os católicos, com seus milhares de santos e suas velas de cera, os protestantes-cristãos de mãos erguidas, entoando hinos de agradecimento, os umbandistas de roupas brancas, de joelhos na mata, todos, todos nós degenerados filhos de Caim ou descendentes de Noé (dentro do pacto de salvação) oramos, pedimos a Deus forças e Dele por certo a recebemos.

Ore, pois a oração tem poder de libertar, de religar o homem a Deus. Mas, não ore com orações estranhas, cheias de palavras vãs. Ore os

SALMOS, ore o PAI-NOSSO, leia a Bíblia, principalmente o NOVO TESTAMENTO e verá realmente sua vida se transformar. Sua vida vai se modificar, pelo poder da palavra de DEUS.

JESUS
O ÚNICO SALVADOR

A fé, realmente nos fortalece. Não apenas a fé em Deus e no seu plano de salvação, mas também, a fé no homem. Aquele que não crê em seus semelhantes não vive bem. Aquele marido que desconfia de que sua mulher o trai, vive angustiado, aquele patrão que não acredita no trabalho de seus empregados, vive angustiado. "O trabalhador é digno de seu salário", portanto, também é digno de crédito. Assim, para vivermos bem devemos crer nas pessoas, amá-las, pois, todas foram feitas do mesmo pó pela mão do Criador.

Assim, muitas vezes o feitiço que tanto tememos, não existe. Se acreditarmos que não estamos enfeitiçados, se acreditarmos que nosso companheiro de trabalho não nos faria mal, ou nosso marido ou a esposa, ou o vizinho não nos está fazendo o mal, mesmo que ele faça, mesmo que estejamos sendo magiados, se tivermos sem a preo-cupação de que seremos atingidos pelo feitiço, ele não nos fará grande mal. E se ao lado disso orarmos freqüentemente, e em nossas orações, orarmos pelo próximo estaremos imunes, "vacinados" contra a magia maléfica e contra a feitiçaria. *"Amai- vos uns aos outros como Eu Vos Amei"*. Jesus Cristo.

CAPÍTULO VI

GARRAFADAS CONTRA AS DOENÇAS MAIS COMUNS

(Usadas pelos que trabalham contra o feitiço, pelo Brasil à fora).

Certa vez, nos Estados Unidos, um grupo de estudiosos americanos deu o alarme: certas enfermidades tropicais que eram tratadas com vacinas e remédios modernos, ao invés de diminuírem aumentaram. E em locais bem atrasados, essas doenças eram curadas com sucesso. Por que? Através de que meios?

Então os pesquisadores foram ao Congo, e lá colheram remédios de ervas, e testaram essas garraíadas e viram surpresos que elas faziam efeito. Cercadas de superstição (que não devem ser repetidas, pois somos civilizados) elas aqui estão, e usando-as cada um de vocês terá a cura e o sucesso que deseja.

Garrafadas e segredos de ervas colhidas por esse grupo de estudiosos dos Estados Unidos e mais as dos feiticeiros sertanejos, elas nos chegam impregnadas de lendas, de métodos empíricos para a colheita, mas trazendo cada uma, seu poder de curar, sua grande mensagem a uma volta aos remédios simples, sem conseqüências e efeitos colaterais, sem perigo de dar alergias ou outras coisas assim.

Aqui vão dois avisos importantes para quem vai fazer essas garrafadas. Primeiro. Compre as ervas na Flora Medicinal, pois elas vem certas, sem erro de você pedir uma erva ou raiz e receber uma outra, completamente diferente. Segundo. Se comprar a erva na feira (naqueles homens que vendem folhas e raízes na rua) saiba se o feirante realmente conhece ervas e se é de confiança, pois você pode comprar a erva errada e aí não obterá sucesso. Algumas ervas compre em casas macrobióticas (como no caso o ginsen ou mandrágora) ou casas de temperos bem recomendadas. Nunca vá atrás de chás anunciados no rádio ou na TV, como milagrosos. De um modo geral, não são bem eficazes. E nunca, nunca beba garrafadas, sem saber o que bebe, prefira você mesma fazer sua garraiada ou seu chá. É um perigo comprar esses remédios prontos, pois sei de casos muito ruins a esse respeito, como falta de higiene e até substâncias perigosas, colocadas nas garrafadas.

CURA DOS RINS PELO DENTE-DE-LEÃO

Coletar folhas frescas de dente-de-leáo, limpá-las muito bem, espremendo-as depois com um guardanapo. Adoçar o suco com um pouco de açúcar e tomá-lo em colherinhas. Dose diária 20 ou 30 gramas.

CURA DA GRIPE E DO CATARRO PELA AVENCA

Colocar em três litros de água os seguintes ingredientes:

25 gr. de folhas de avenca,

20 gr. de raiz de polígala,

20 gr. de sumidades floridas de marroio e

15 gr. de alcaçuz.

Ferver tudo por um quarto de horas. Filtrar o líquido e adoçar com mel. Tomar três ou quatro xícaras durante as refeições.

CURA DO ESTÔMAGO PELA CEBOLA

Bater no liqüidificador uma cebola pequena e redonda, com um copo de leite cru. Beber esse conteúdo que tem gosto muito ruim. Em três dias haverá cura da úlcera ou do problema estomacal. Essa garraiada vem da medicina mágica dos ciganos, e faz parte do curso localizado na rua Cisne de Faria, 40, em Maria da Graça. Segredo gitano. Cura na certa.

CURA DO "STRESS" PELO GUARANÁ E CATUABA

Guaraná,
Catuaba,
Maripuana.

Misturar esses três medicamentos e tomar diariamente uma colher de chá desta mistura. Em sete dias você sentirá um vigor novo, uma força física fora do comum. É uma verdadeira maravilha. Compra-se os três produtos na flora medicinal.

CURA DA ASMA PELO EUCALIPTO

Há um segredo dos iniciados que cura realmente a asma. Faz-se assim: coloca-se algumas folhas secas de eucalipto sobre uma chapa de ferro quente. Aspira-se a fumaça. Dizem que é um remédio certo e velho como o mundo. Pode-se fazer inalações, colocando-se essência de eucalipto (adquirido em farmácia) em uma bacia pequena com água quente. Aspira-se o vapor. Mantem-se a cabeça coberta com uma toalha. Faz-se também cigarros de eucalipto, triturando-se as folhas secas e fazendo-se cigarros com elas e fumando, deixando a fumaça entrar bem e soltando-se depois. Para estomatite faz-se gargarejos com folhas de eucalipto ou ainda folhas de romã, que é forte remédio contra inflamações da boca e da garganta.

Para gripe há uma garraiada simples: ferver por 2 (dois) minutos cerca de 20 gramas de folhas de eucalipto. Filtrar e adoçar com mel. Deve-se beber 3 ou 4 xícaras por dia.

Para purificar o ar e limpar de más vibrações, faz-se o seguinte: um defumador com folhas de eucalipto, que fará em seu lar além de um local bem cheiroso, e de boa vibração.

SAQUINHO CONTRÁ NEVRALGIA

Este remédio contra dores nevrálgicas é tão singular quanto eficaz. Preencher um saquinho de tecido branco, de flores de lúpulo e costurar a cobertura. Então, aquecê-lo diante de um forno. Coloca-se sobre a parte dolorida e imediatamente as dores passarão. O lúpulo tem um certo efeito hipnótico. Os ciganos sempre usaram esse remédio. No Templo de Magia Cigana, Rua Cisne de Faria, 40 eles preparam esse remédio. É perfeito para cura de nevralgias.

CURA DA BEXIGA PELA GIESTA

A giesta pertence a família das leguminosas, atinge altura de dois metros. Seu uso é comum para curar doenças da bexiga. A parte da planta usada é a flor. Com ela faz-se um vinho medicinal. Prepara-se deste modo: macera-se, por quatro dias, dois punhados de flores de giesta em um litro de vinho branco de boa qualidade. Filtra-se o líquido. Bebe-se um cálice pequeno antes de cada refeição.

CURA DOS INTESTINOS PELA MAÇÃ

Ferve-se por 2 minutos cerca de 25 gramas de casca de maçã, em um litro de água. Deixa-se o líquido amornar. A seguir deve-se filtrá-lo. Emprega-se em seguida. A dose deve ser repetida duas ou três vezes por dia, até que a diarréia tenha passado. Para o resfriado faz-se um xarope de maçãs, sem retirar a casca.

ROMÃ CONTRA DOENÇAS DE SENHORAS

Para doenças de senhoras os catimboseiros (gente dos catimbós nordestinos) fazem uma iavagem com a fruta romã. Dizem que esse remédio cura doenças e inflamações de mulheres. E lá pelo interior do Brasil há poucos médicos. A cura é buscada então nas resadeiras, nos raizeiros e nos catimboseiros. Muita bobagem é então receitada, mas também, muita coisa que realmente *cura* e *corta feitiços*.

GARRAFADA PARA CURAR ASMA E BRONQUITE, UM CONTRA-FEITIÇO ANTIGO

No interior do Brasil associa-se as doenças à força dos diabos. Cura-se com resas e mezinhas. As rezadeiras e raizeiras usam muito esta garraiada, para quem está com asma, que segundo elas é uma doença ligada à forças ruins.

30 grs. de bagas de zimbro,

60grs. de grindélia,

15 grs. de valeriana,

45 grs. de sumidades floridas de verbasco,

30 grs. de hera terrestre,

30 grs. de hissopo e

30 grs. de marroio.

Misturar tudo e usar duas colherinhas da mistura em uma xícara de água quente.

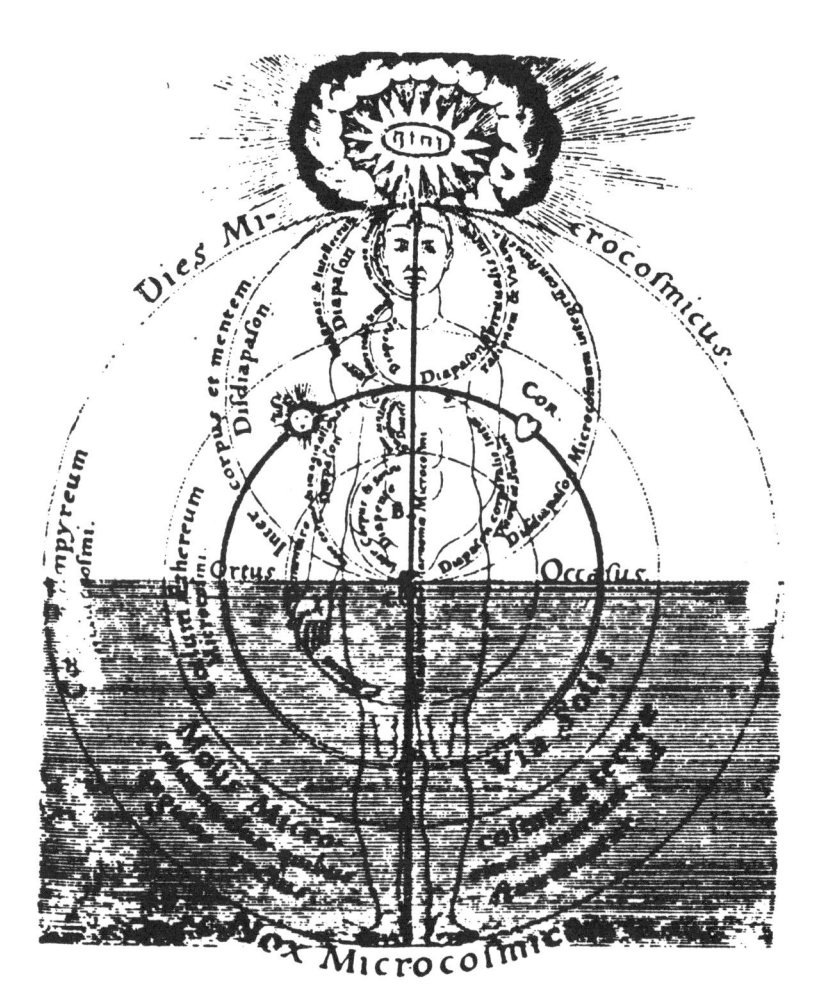

Homem-Microcosmo — Deus-Macrocosmo, "homem sadio, Universo sadio.

CAPÍTULO VII

COMO SE TORNAR IMUNE AO FEITIÇO

Feitiço existe, é envenenamento do corpo astral de uma pessoa. Atua no dia-a-dia, pois, além da realidade do feitiço há em cada um, hoje em dia, o medo do feitiço. Assim, nos deixamos sugestionar e caímos na armadilha. Assim, é preciso que nos tornemos livres disso, façamos em torno de nós, barreiras. Como ficar imunes ao feitiço? Desta forma:

Diariamente, por alguns minutos, pratique a entrada no ESTADO ALFA. O que é isso? Relax completo. Vejamos:

1) Assuma uma posição confortável, ou sentado ou deitado ou mesmo em pé, se você consegue relaxar em pé.

2) Olhe para cima e, fixe seu olhar, em um ponto qualquer de atenção e, prenda-o neste lugar.

3) Respire cinco vezes sem esforço, de modo completo e exale tranqüilamente, enquanto silenciosamente, vá dizendo para si mesmo,

R....E....L....A....X....E.

4) Meça a quinta expiração com uma contagem regressiva de cinco para um, e feche seus olhos, quando atingir a contagem um. Então, calmamente diga para você a palavra ALFA. Ela vai levá-lo ao estado ALFA. Com os olhos fechados, fique assim durante dois minutos, permitindo que seu corpo se relaxe completamente. Depois, você vai retornar ao seu estado normal. Sentirá seu corpo forte e sua mente limpa. Diga então: Ninguém me pode fazer mal, estou limpo de qualquer feitiçaria, ninguém é mais forte do que eu, e eu estou com Deus. Ele me protegerá.

Se desejar limpar a casa, onde fará esse trabalho mental, use os seguintes aromas:

DEFUMADORES CERTOS
            E INFALÍVEIS

Alfazema, incenso, perfumes de rosa, pinho ou almíscar (musk).

HINO À MISERICÓRDIA DE DEUS

Outra prática de se tornar imune, é como já dissemos, a oração. Esta é além de linda, de grande poder.

Louvai, servos do Senhor,
louvai o nome do Senhor!
Bendito seja o nome do Senhor,
agora e para sempre!
Desde o nascer do sol ao pôr do sol,
seja louvado o nome do Senhor.
O Senhor é excelso sobre todas as nações,
a sua majestade está acima dos céus.
Quem, há como o Senhor e nosso Deus,
que habita nas alturas
e se inclina para ver
os céus e a Terra?
Levanta do pó o indigente
e tira os pobres da miséria,
para os fazer sentar entre os nobres
com os grandes do seu povo.
Ele instala a mulher estéril, na sua casa,
como mãe feliz, de muitos filhos.

BIBLIOGRAFIA

O NOVO TESTAMENTO

PLANTAS MEDICINAIS — François Balmé

O LIVRO DA CURA NATURAL — Greg Brodsky

MACROBIÓTICA ZEN — G. Ohsawa

ALHOTERAPIA — T. Watanabe

HISTÓRIA DA MAGIA — Kurt Seligmann

A ARTE DA ADIVINHAÇÃO — Evelyn de Smetd, Vincent Bardet, Serge Bramly

APOSTILAS DO CÍRCULO DE ESCRITORES E JORNALISTAS DE UMBANDA DO BRASIL — CEJUB. Das matérias Quiromancia e Tarologia. Rua Cisne de Faria, 40, Maria da Graça, RJ.

ENSAIOS DE PSICANÁLISE - Sigmund Freud

O VELHO TESTAMENTO

CIÊNCIA DA CURA PSÍQUICA — Ramacháraca

NUMEROLOGIA — R. Camaysar

COMO ADIVINHAR O FUTURO — Nilza Paes da Silva

A MEDICINA SECRETA DOS CIGANOS — Pierre Derlon

ÍNDICE DAS ILUSTRAÇÕES

Quiromancia 23
A Árvore sefirótica 35
Símbolos da roda zodiacal 38
Desenho simbólico dos signos do Zodíaco 39
A alma do mundo 65
A Jerusalém celeste 69
O Microcosmo e o Macrocosmo 79

Este livro foi impresso em novembro de 2015,
na Gráfica Impressul, em Jaraguá do Sul, para a Pallas Editora.
O papel de miolo é o offset 70g/m² e o de capa é o cartão 250g/m².